ANJA FISCHER

Meine wilden Kräuterfreunde

HEIMISCHE WIESENKRÄUTER ENTDECKEN UND KENNENLERNEN

Mit Illustrationen von Christina Wasenegger

Liebe/r ____ !

Wie schön, dass du dieses besondere Buch in deinen Händen hältst! Dies ist ein Buch für große und kleine Kräuterhexen, Naturforscher und Wiesenfeen. Ein Mitmachbuch für die ganze Familie. Es soll dich auf deiner Kräuterreise begleiten – pack es ein und nimm es auf deine künftigen Erkundungstouren von Wiesen und Feldern mit! Entdecke und lerne heimische Wiesenkräuter kennen und mach sie zu deinen wilden Kräuterfreunden.

Lass uns gemeinsam hinausgehen und spannende Kräuterabenteuer erleben. Ich bin Mama und diplomierte Kräuterfee und möchte dich gern begleiten, um dir neue Freunde vorzustellen. Ich liebe es, draußen unterwegs zu sein und mit Groß und Klein die Welt der Wildkräuter zu entdecken. Darum möchte ich dir gern zeigen, welche Schätze vor deiner Haustüre darauf warten, von dir erforscht zu werden, und wie du diese weiterverarbeiten kannst. Wir werden gemeinsam naschen, kochen, basteln und rühren.

In unseren wilden Wiesenkräutern liegt sehr viel Kraft. Dieses alte überlieferte Wissen gerät in der heutigen Zeit leider immer mehr in Vergessenheit. Komm mit und lass es uns gemeinsam (wieder-)entdecken. Manch eine Pflanze kennst du wahrscheinlich schon, andere wiederum werden neu für dich sein. Ja, da draußen gibt es so viele Kräuter und Pflanzen, das wirkt oft ein bisschen einschüchternd, und man weiß nicht, wo man anfangen soll. Aber keine Panik! Ich glaube, niemand kennt alle Pflanzen. Und auch du musst nicht alle auf einmal lernen. Die Kräuterkunde ist eine endlose Lehrzeit, und dein Wissen sowie die damit verbundene Sicherheit wird von Jahr zu Jahr größer, indem du dir immer wieder neue Kräuterfreunde suchst.

In diesem ganz besonderen Freundebuch stellen sich dir zwölf heimische Wiesenkräuter vor. Ich lade dich ein, sie ganz bewusst durch das Kräuterjahr zu begleiten, sie genau zu beobachten und gut kennenzulernen, zu jeder Jahreszeit, in all ihren Phasen und Facetten.

Viel Spaß beim Finden deiner Kräuterfreunde, Erforschen, Kennenlernen und Nachmachen.

Deine Anja
Diplomierte Kräuterfee

Was dich in diesem Buch erwartet

So funktioniert dein Mitmachbuch

Von jedem neuen Kräuterfreund findest du einen Steckbrief sowie Rezept- und Bastelideen, die dir helfen, ihn näher kennenzulernen. Zusätzlich gibt es Seiten, auf denen du Platz für ein Bild von deinem Kräuterfreund findest. Ob gepresst, als Foto oder gezeichnet – das bleibt dir überlassen. Am Ende des Buches erwarten dich dann noch weitere lustige Mitmachideen rund um deine Kräuterfreunde.

Viele der Kräuterrezepte sind natürlich auch kombinierbar und gegenseitig austauschbar, sei mutig und probier es aus!

Wichtig: Einige Rezepte und Anleitungen in diesem Buch beinhalten die Verwendung von spitzen und scharfen Gegenständen sowie das Arbeiten am Herd oder mit Feuer. Für deine Sicherheit erfordern sie somit die Aufsicht eines Erwachsenen! Bitte Mama, Papa, Opa und Co um Hilfe.

Was du übers Sammeln wissen solltest

Ein wertschätzender Umgang mit der Natur ist ungemein wichtig, darum verrate ich dir ein paar Regeln, die du beim Sammeln und Ernten beherzigen solltest.

Sei dir sicher!

Wir haben für dieses Buch bewusst Kräuter ausgewählt, die einfach zu erkennen sind und bei denen die Verwechslungsgefahr sehr gering ist. Generell gilt aber: Sammle nur Pflanzen, die du kennst und bei denen du dir ganz sicher bist, dass diese nicht giftig sind. Manchmal gibt es nämlich auch giftige Doppelgänger, bei denen es wichtig ist, auf einzelne Merkmale zu achten.

Wichtig: Sammle Pflanzen immer gemeinsam mit deinen Eltern, um Verwechslungen zu vermeiden.

Schütze die Natur!

Manche Pflanzen stehen unter Naturschutz und dürfen nicht gesammelt werden. Bitte erkundige dich, ob es in deiner Region Pflanzen gibt, die gefährdet sind.

Sei genau!

Sammle nur an sauberen Stellen. Das bedeutet, nicht direkt an Straßenrändern, an beliebten Hundewegen, überdüngten oder gespritzten Feldern. In Naturschutzgebieten darf auch nicht gesammelt werden.

Sei achtsam!

Nimm immer nur so viel, wie du selbst brauchst, und lass genug Pflanzen für Bienen, Insekten oder andere begeisterte Kräuterfans stehen. Sie werden sich freuen! Pflücke nur die Pflanzenteile, die du benötigst, und achte darauf, dass du keine verschmutzten oder kranken Kräuter mitnimmst.

Achte auf das Wetter!

Sammle nur bei trockenem Wetter, am besten an einem sonnigen Tag. Der Regen spült auch die Energie der Pflanzen weg. Ideale Erntezeit ist mittags, da haben die Kräuter bereits Sonnenenergie getankt und sind vollgeladen!

Sei saisonal!

Verschiedene Pflanzen haben unterschiedliche Sammelsaisonen. Im Sammelkalender auf den Seiten 88–89 kannst du nachschauen, wann welche Kräuter am besten zu finden sind.

Überlege genau!

Überlege dir vor dem Sammeln immer genau, wozu du deine Kräuterschätze brauchst. Für den sofortigen kulinarischen Genuss, für die Volksheilkunde oder zum Basteln. Wenn du deine Kräuter frisch verspeisen möchtest, empfehle ich dir, kurz davor zu ernten.

Sei gut vorbereitet!

Bereite dich gut vor, wenn du auf Kräutersuche gehst. Nimm dir passendes Werkzeug mit: Du brauchst eine Schere und ein luftiges Transportmittel für deine Schätze. Am besten eignen sich ein Korb sowie Papier- oder Stoffbeutel. Nimm einen Erwachsenen und dein Mitmachbuch mit.

Sei dankbar für deine Schätze!

Bedanke dich für die Gaben der Natur und deine Ernte.

Was du übers Trocknen wissen solltest

Sind alle Kräuterschätze eingesammelt, geht es ans Verarbeiten. Es gibt unendlich viele Möglichkeiten zur Verwendung oder Aufbewahrung deiner wilden Freunde. Du kannst sie sofort essen, konservieren oder weiterverarbeiten. Auch hier gibt es Tipps und Tricks, die ich dir gern verraten möchte.

Schon mal vorweg: Kräuter können entweder frisch oder getrocknet verwendet werden. In jedem Fall ist es wichtig, sauber zu arbeiten.

Für eine schonende Trocknung eignet sich ein schattiges, staubfreies und gut durchlüftetes Platzerl besonders gut. Kräuter sollen nämlich nie in der direkten Sonne getrocknet werden, wo die Gefahr besteht, dass sie verbrennen, und vor allem auch, dass sie ihre Wirkstoffe verlieren. Je weniger Licht zu den Kräutern kommt, umso länger können sie ihre Wirkstoffe behalten. Fürs Trocknen gibt es verschiedene Möglichkeiten. Du kannst die Kräuter in Büscheln aufhängen, aber auch liegend trocknen. Brennnesseln und andere große Kräuter kannst du gut auf einem Wäscheständer, der vorab mit einem großen Leintuch bedeckt wird, trocknen.

Trockengestell aus einem alten Bilderrahmen

Zarte Blüten wie von Vergissmeinnicht, Gänseblümchen oder Schlüsselblume lassen sich am besten auf einem luftigen Trockenrahmen trocknen.
Mit diesem kleinen Upcycling verwandelst du einen alten Bilderrahmen in ein hübsches Trockengestell.

Du brauchst:

- Fliegengitter- oder Store-Reste
- 1 alten Bilderrahmen
- Klammermaschine
- Schere

So wird's gemacht:

1. Schneide das Fliegengitter oder den alten Store (durchscheinenden Vorhang) in der Größe des Rahmens zu.
2. Tackere den Stoff auf den Bilderrahmen.

Was du übers Lagern wissen solltest

Äußere Einflüsse wie Licht, Wärme und Feuchtigkeit können die Qualität der Kräuter negativ beeinflussen. Daher ist es auch bei der Lagerung sehr wichtig, dass die getrockneten Pflanzen möglichst lichtgeschützt, kühl und trocken aufbewahrt werden. Natürliche Materialien aus Papier, Karton, Stoff oder Glas eignen sich gut dazu, Plastik und Kunststoffe solltest du vermeiden. Du kannst deine gesammelten und getrockneten Kräuter zum Beispiel in alten Schuhkartons oder Butterbrotsackerln aufbewahren. Denke daran, diese immer gut mit Inhalt und Datum zu beschriften. Wenn du deine Kräuterschätze in Gläsern aufbewahren möchtest, ist es wichtig, dass du entweder dunkles Glas verwendest oder diese an dunklen und trockenen Orten aufbewahrst, beispielsweise in einem Vorratsschrank.

Tipp: Zur Aufbewahrung eignen sich außerdem Stoffbeutel, zum Beispiel Einkaufsbeutel oder alte Kopfpolsterüberzüge. Bitte denke daran, die Beutel gut zu beschriften.

Die Haltbarkeit von getrockneten Kräutern beträgt in etwa ein Jahr, da sich viele der Inhaltsstoffe von selbst abbauen. Daher sollten Kräuter nach einjähriger Lagerung eher mehr als Bade- oder Genusskräuter und weniger als Heilkräuter verwendet werden.

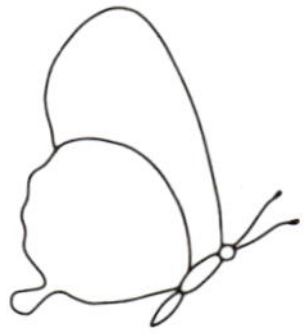

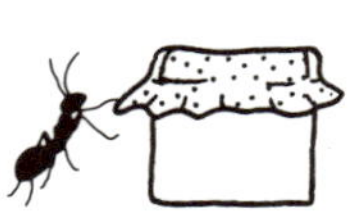

Was du übers Verarbeiten wissen solltest

In diesem Buch findest du viele Ideen zur Verarbeitung von deinen neuen wilden Kräuterfreunden. Ob als Ölansatz, Sirup, Salbe, kulinarische Gaumenfreude oder Bastelei – der Kreativität sind keine Grenzen gesetzt. Gern möchte ich dir dazu ein paar nützliche Tipps mitgeben.

Die Anleitungen und Rezepte im Buch sollen dich inspirieren und einladen, Neues auszuprobieren. Viele Ideen sind überlieferte und teilweise von mir weiterentwickelte Rezepte, die ich gern mit dir teilen möchte.

Wichtig bei der Verarbeitung von Kräutern ist ein sauberes Umfeld. Wasche dir bitte deine Hände mit Wasser und Seife, bevor du startest. Stell sicher, dass der Arbeitsplatz und deine Arbeitsutensilien sauber sind. Gläser und Flaschen kannst du auskochen oder mit Alkohol desinfizieren.
Zum Desinfizieren eignet sich auch 80%iger Alkohol. Diesen kannst du gemeinsam mit einem Erwachsenen in Sprayflaschen füllen, dann ist er in der Anwendung sehr praktisch.

Gläser und Flaschen kannst du auch im Rohr sterilisieren. Dazu einfach das Backrohr auf 150 Grad Celsius vorheizen und Glas (keinesfalls Metall oder Plastik!) für 20 Minuten hineingeben.

ACHTUNG: heiß! Lass die Gläser und Flaschen gut abkühlen, bevor du sie weiterverwendest.

Deine Kräuterschätze solltest du immer gut beschriften, damit du auch später noch alle findest und die richtigen bei der Hand hast. Egal ob bei der Kräuterlagerung oder bei fertigen Produkten: Kennzeichne deine Gläser, Schachteln, Dosen oder Sackerl mit Inhalt und Datum.
Im Buch findest du Etiketten beigelegt, die du dafür verwenden kannst.

Tipp: Wenn du keine Etiketten für Gläser hast, versuch den Milch-Trick. Einfach Papieretiketten nach Wunsch ausschneiden, beschriften, mit Milch betupfen und aufs Glas drücken.

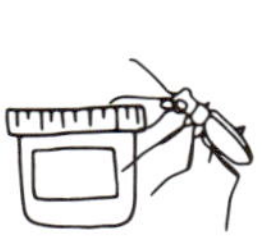

Das bin ich:

Geboren am:

Wohnort:

MEIN NAME:

WEITERE SPITZNAMEN:

MEINE FAMILIE:

MEIN GEBURTSTAG:

MEINE BESTEN FREUNDE:

HIER FINDEST DU MICH IN DER REGEL:

SO ERKENNST DU MICH:

DAS STECKT IN MIR:

DAS KANN ICH BESONDERS GUT:

MEINE GEHEIME SUPERPOWER:

WAS DU UNBEDINGT NOCH WISSEN SOLLTEST:

MEIN LEBENSMOTTO:

MEIN LIEBLINGSKRAUT:

Gänseblümchen

MEIN NAME: Gänseblümchen

WEITERE SPITZNAMEN: Tausendschön, Angerbleamerl, Arnika für Kinder

MEINE ZAUBERFORMEL: Bellis perennis

MEINE FAMILIE: Korbblütler

MEINE BESTEN FREUNDE: Löwenzahn

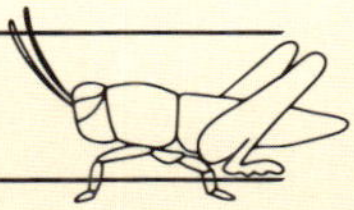

HIER FINDEST DU MICH IN DER REGEL: Auf Wiesen und an Wegrändern. Eigentlich überall vor deiner Haustüre.

IN DIESER ZEIT WACHSE ICH BESONDERS GERN: Ich bin eine ausdauernde Blume, das heißt, ich komme immer wieder und blühe immer wieder auf. In der Regel kannst du mich von März bis Oktober blühen sehen und ernten. Sobald die erste Schneedecke weg ist, strecke ich mein Köpfchen zur Sonne.

SO ERKENNST DU MICH: Im Vergleich zu vielen anderen Pflanzen bin ich eher klein. Mein Stängel ist gerade. Meine Blätter befinden sich nahe am Boden und wachsen rund um den Stängel herum. Mein Köpfchen ist gelb und trägt viele kleine weiße bis leicht rosa längliche (Zungen-)Blüten.

DIESE TEILE VON MIR KANNST DU ERNTEN: Blütenkopf, Knospe und Blatt

DAS KANN ICH BESONDERS GUT: Ich bin nicht nur hübsch anzusehen, ich habe es auch wirklich drauf. Als altbewährte Heilpflanze kann ich dir helfen, wenn dich das eine oder andere Wehwehchen plagt. Ob bei blauen Flecken oder nervigem Husten: Ich habe das richtige Rezept dagegen.

MEINE GEHEIME SUPERPOWER: Ich bin eine echte Glücksbringerin! Sammle mich am Johannistag (24. Juni) zwischen 12 und 13 Uhr. Gepresst in einem Papiertütchen bin ich eine gute Begleiterin bei Prüfungen und wichtigen Verhandlungen.

SO KANNST DU MICH VERWENDEN: Ich mache mich gut als Hustentee oder im wahrsten Sinn des Wortes als Balsam für Haut und Seele. Ich schmecke leicht nussig und bin von Kopf bis Knospe essbar. Ob am Butterbrot, im Aufstrich, im Salat, als Sirup oder Eis am Stiel: Ich bin ein Gaumenfreund. Du kannst auch einen hübschen Blumenkranz aus mir machen.

WAS DU UNBEDINGT NOCH WISSEN SOLLTEST: Der Legende nach achte ich auf deine Gesundheit. Die ersten drei meiner Art, die dir im Frühling begegnen, solltest du mit dem Mund pflücken und essen. Dann bleibst du das ganze Jahr gesund.

MEIN LEBENSMOTTO: Klein, aber oho! Ich bin durch nichts unterzukriegen.

Mein wildes Fundstück:

Gefunden am:

Fundort:

Gänseblümchensirup

Aus den ersten Frühlingsboten kannst du einen tollen Sirup machen! Verdünne den Sirup vor dem Trinken je nach Geschmack mit Wasser oder Soda.

Pst: Am liebsten ist das Gänseblümchen mit seinem besten Freund, dem Löwenzahn, zusammen. Mische, wenn du magst, doch ein paar Löwenzahnblüten zu deinem Gänseblümchensirup dazu.

Du brauchst:

- 2 Handvoll frische Gänseblümchen
- optional: Löwenzahnblüten
- 1 Zitrone
- 1 Liter Wasser
- 1 kg Zucker
- optional: 1 TL Zitronensäure (für zusätzliche Haltbarkeit)
- saubere, sterile Flaschen
- Mama oder Papa zur Aufsicht

So wird's gemacht:

1. Sammle 2 Handvoll frische Gänseblümchen.
2. Wasche die Zitrone und schneide sie in Scheiben.
3. Leg deine gepflückten Gänseblümchen mit den Zitronenscheiben in eine Schüssel.
4. Danach das Wasser aufkochen, über die Blümchen gießen und 2 Tage kühl rasten lassen. Rühre das Gemisch täglich etwas um.
5. Nun vorsichtig abseihen und mit Zucker und gegebenenfalls Zitronensäure aufkochen.
6. Fülle den heißen Saft in saubere Flaschen oder Marmeladegläser und vergiss nicht, diese zu beschriften.

Haltbarkeit: mindestens 1 Jahr
Wenn der Sirup nicht sofort ausgetrunken würde, wäre ich aber verwundert.

Tipp: Mit Wasser aufgespritzt in Popsicle-Formen gefüllt wird aus dem Sirup gleich ein schnelles Eis am Stiel für heiße Tage.

Schüttel-Spray fürs Klopapier

Gänseblümchen gelten als sehr hautpflegend und werden gern für Kinder verwendet. Mit diesem Rezept kannst du einen einfachen Klopapier-Spray für empfindliche Kinderpopos herstellen. Mit dem Schüttel-Spray wird aus herkömmlichem Klopapier im Handumdrehen ein umweltfreundliches und sanftes Feuchttuch.

Du brauchst:

- 2 Handvoll getrocknete Gänseblümchen
- 200 ml hochwertiges Bio-Mandelöl
- 50 ml Zitronenmelissenhydrolat (alternativ abgekochtes Wasser)
- sauberes und steriles Marmeladeglas (200 ml)
- Sieb
- Teefilter
- sterile Flasche mit Sprayaufsatz (100 ml)

So wird's gemacht:

1. Sammle und trockne schonend 2 Handvoll Gänseblümchen. Das Trocknen dauert in etwa 2 Tage.
2. Die getrockneten Gänseblümchen kommen danach in ein sauberes Marmeladeglas.
3. Fülle das Glas mit Mandelöl auf, verschließe und beschrifte es.
4. Stell es an einen hellen, aber nicht zu sonnigen Platz und lass es 28 Tage ausziehen. Sei geduldig und schüttle dein Öl jeden Tag ein bisschen.
5. Nach dieser Zeit kannst du das Öl abseihen. Um auch die kleinsten Teile davon abzuhalten, ins Öl zu rutschen, legst du einen Teefilter in das Sieb.
6. Anschließend füllst du die sterile Sprayflasche bis zur Hälfte mit dem Gänseblümchen-Öl und den Rest mit dem Hydrolat auf.
7. Vor Gebrauch schütteln und Klopapier direkt vor der Verwendung damit besprühen.

Haltbarkeit: ungefähr 6 Monate

Tipp: Das übrig gebliebene Gänseblümchen-Öl kannst du in ein sauberes Glas füllen und fürs nächste Mal dunkel aufbewahren. Oder du mischst es mit Schlagobers und machst ein Ölbad daraus!

Vogelmiere

MEIN NAME: Vogelmiere

WEITERE SPITZNAMEN: Hühnerdarm, Sternmiere, Mausdarm

MEINE ZAUBERFORMEL: Stellaria media

MEINE FAMILIE: Nelkengewächse

MEINE BESTEN FREUNDE: Gemüsepflanzen

HIER FINDEST DU MICH IN DER REGEL: Ich mag feuchte Böden. Gern wachse ich mit meinen flachen Wurzeln an Wegrändern, im Wald, im Brachland und bei Schuttplätzen. Du findest mich aber auch im Gemüsegarten oder in Töpfen. Oft werde ich leider als Unkraut abgetan und ausgerupft.

IN DIESER ZEIT WACHSE ICH BESONDERS GERN: Ich bin recht widerstandsfähig und wachse eigentlich das ganze Jahr – sogar unter der Schneedecke.

SO ERKENNST DU MICH: Meine winzig kleinen weißen Blüten sind sternförmig. Zu einem auffälligen Merkmal zählt eine dünne Haarlinie auf meinem langen runden Stängel. Meine Blätter sind eierförmig, und ich krieche gern in langen Ranken an der Erdoberfläche entlang.

DIESE TEILE VON MIR KANNST DU ERNTEN: Alle!

DAS KANN ICH BESONDERS GUT: Ich stecke voller Geheimpower und bekämpfe gern unangenehmen Husten und Schleim. Außerdem werde ich aufgrund meiner wohltuenden Art bei juckender und brennender Haut eingesetzt. Ich habe eine beruhigende und heilende Wirkung.

MEINE GEHEIME SUPERPOWER: Ich bin eine Wetterprophetin, denn meine Blüten zeigen dir das Wetter an. Sind die Blüten geöffnet, heißt es, dass in den nächsten Stunden die Sonne scheinen wird.

SO KANNST DU MICH VERWENDEN: Am besten, du vernaschst mich, denn ich bin nicht nur ausgesprochen lecker, sondern stecke voller Vitamine und bin gesund. Am besten schmecke ich auf Butterbrot mit etwas Kräutersalz. In der Küche bin ich auch gut als Spinat, Salat, im Smoothie oder in einer Frühlingssuppe. Leider bin ich nicht leicht zu trocknen, da ich sehr viel Flüssigkeit in mir habe. Mach aus mir einen Hustentee oder eine beruhigende grüne Hautsalbe. Verwende mich hierzu frisch.

WAS DU UNBEDINGT NOCH WISSEN SOLLTEST: Ich bin das ideale Frühlingskraut für eine Kur. Wer viel von mir isst, wird schnell die Frühjahrsmüdigkeit wieder los.

MEIN LEBENSMOTTO: Sei ein Star in Sachen Hautschmeicheleien.

Mein wildes Fundstück:

Gefunden am: ______________________

Fundort: ______________________

Grüner Vogelmiere-Balsam

Da sich Vogelmiere nur schwer trocknen lässt und ein kalter Ölauszug mit der Frischpflanze leicht schimmlig werden kann, wenn man unvorsichtig ist, zeige ich dir, wie du einen warmen Auszug machst und daraus einen pflegenden Hautbalsam herstellen kannst.

Du brauchst:

- 1 Handvoll frische Vogelmiere
- 80 ml gutes Bio-Olivenöl
- 8 g Bienenwachs vom Imker des Vertrauens
- 10 g Sheabutter
- Schraubglas (100 ml)
- feuerfestes Glas
- Sieb
- Topf fürs Wasserbad

ACHTUNG: heiß!

So wird's gemacht:

1. Befülle den Topf mit Wasser und erhitze es am Herd.
   Lass es bei niedriger Temperatur sieden, nicht kochen.
2. Zerkleinere die Vogelmiere und gib sie gemeinsam mit dem Olivenöl in das feuerfeste Glas.
3. Nun stell das Glas ins Wasserbad. Es sollte maximal bis zur Hälfte im Wasser stehen.
4. Lass das Vogelmiere-Öl-Gemisch 2–4 Stunden auf kleiner Flamme stehen und die Wirkstoffe ausziehen.
5. Danach die Vogelmiere durch ein Sieb abseihen.
6. Anschließend das Bienenwachs im Vogelmiere-Öl auf mittlerer Hitze im Wasserbad zum Schmelzen bringen.
7. Vom Herd nehmen und etwas kalt rühren, danach die Sheabutter einrühren.
   Vorsicht: Das Gemisch darf nicht zu heiß werden, da die Sheabutter sehr hitzeempfindlich ist.
8. Wenn alles eine schöne Konsistenz hat, in ein sauberes Schraubglas füllen.
9. Aushärten lassen, anschließend zuschrauben und beschriften.

Haltbarkeit: in etwa 1 Jahr

Kräuterbutterherzen

Vogelmiere ist ein köstliches Kraut und macht sich besonders gut mit Butter und Salz. Um diesen guten Geschmack zu konservieren, kann man tolle Kräuterbutterherzen zaubern. Ob fürs Buffet, für die Schuljause oder den Familien-Grill-Sonntag – sie sind immer ein Hingucker.

Du brauchst:

- 1–2 Handvoll Vogelmiere
- 100 g weiche Butter
- Salz
- herzförmige Eiswürfelformen (alternativ: Keksausstecher)
- Schüssel mit Mixer

So wird's gemacht:

1. Lass die Butter bei Zimmertemperatur weich werden und schneide sie in kleine Würfel.
2. Gib sie in eine Rührschüssel.
3. Schneide die Vogelmiere klein und füge sie zur Butter hinzu.
4. Würze das Ganze mit Salz und vermische alles mit dem Mixer.
5. Gib die Kräuterbuttermasse in herzförmige Eiswürfelformen. Alternativ kannst du Backpapier auf einen flachen Teller legen, Keksausstecher darauf platzieren und die Kräuterbuttermasse dann hineindrücken.
6. Stell die Kräuterbutter eine Stunde in den Tiefkühler und lass sie aushärten.
7. Danach kannst du die Kräuterbutter herausdrücken.

Große Brennnessel

MEIN NAME: Große Brennnessel

WEITERE SPITZNAMEN: Hanfnessel, Saunessel, Donnernessel, Nettel

MEINE ZAUBERFORMEL: Urtica dioica

MEINE FAMILIE: Brennnesselgewächse

MEINE BESTEN FREUNDE: Bin lieber alleine.

HIER FINDEST DU MICH IN DER REGEL: Ich mag es gern sonnig oder halbschattig. Beim Boden habe ich keine besonderen Vorlieben, aber am besten gefällt es mir in der Nähe von Hütten, Scheunen, Hecken oder Gemäuern. Auch rund um den Misthaufen bin ich gern zu Hause.

IN DIESER ZEIT WACHSE ICH BESONDERS GERN: Vor allem ab Juni, bis in den Herbst hinein. Im September und Oktober entwickle ich meine reifen Samen.

SO ERKENNST DU MICH: Mein größtes Erkennungsmerkmal sind meine Brennhaare, die ich zum Schutz habe, damit mich Tiere nicht auffressen! Ich bin eine zweihäusige Pflanze, das bedeutet, dass es von mir männliche und weibliche Pflanzen gibt. Mein Stängel wächst gerade und meine herzförmigen Blätter liegen gegenüber voneinander.

DIESE TEILE VON MIR KANNST DU ERNTEN: Das ganze Kraut. Vor allem die jungen Blatt-Triebspitzen und die Samen der weiblichen Pflanze.

DAS KANN ICH BESONDERS GUT: Ich bin ein Energiebooster und schenke dir viel Superpower! Besonders nach Krankheiten gebe ich dir neue Kraft und päpple dich wieder auf. Nach einem langen Winter helfe ich Körper und Geist, wieder in die Gänge zu kommen. Auch durchfallhemmende Fähigkeiten habe ich. Außerdem bin ich sehr gesund: Wegen meines hohen Eisengehalts werde ich gern bei Eisenmangel gegessen.

MEINE GEHEIME SUPERPOWER: Meine Samen sind heimisches Superfood. Sie helfen dir dabei, dich besser zu konzentrieren, und können dich beim Lernen unterstützen.

SO KANNST DU MICH VERWENDEN: Ich bin ein richtig toller Wildspinat. Darum ist es am besten, du baust mich in deinen Speiseplan ein. Glücklicherweise bin ich vielseitig einsetzbar. Ob als Spinatersatz, für Knödel, Kräutersuppe, als Pizzabelag, Sirup oder im Smoothie – deiner Kreativität sind keine Grenzen gesetzt. Meine reifen Samen schmecken leicht nussig und passen gut in die Brotteigmischung oder in selbst gemachtes Knuspermüsli. Du kannst sie auch leicht anrösten, das gibt noch ein besseres Aroma.

WAS DU UNBEDINGT NOCH WISSEN SOLLTEST: Meine Brennhaare sind reiner Selbstschutz. Solltest du dich mal bei mir verletzen, hilft der Pflanzensaft vom Spitzwegerich. Einfach ein paar Blätter in den Fingern zerreiben und auf die betroffene Stelle auftragen.
Wenn du mit mir kochen möchtest, ist es gut zu wissen, dass ich ganz zahm werde, wenn du mich mit heißem Wasser übergießt.
Wenn du mich roh essen willst, leg ein Geschirrtuch über meine Blätter und walze mit dem Nudelholz vorsichtig darüber.

MEIN LEBENSMOTTO: Pflanzen, die brennen, beißen nicht.

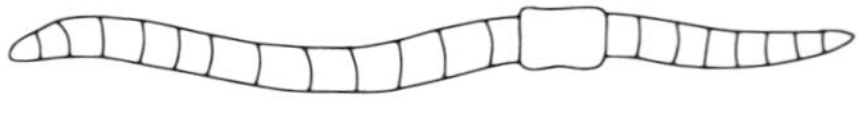

Mein wildes Fundstück:

Gefunden am:

Fundort:

Stinkebrühe

Brennnesseln sind als Blumen- und Gemüsedünger und als natürlicher Schädlingsschutz bei Blattläusen bekannt und sehr wirksam. Um ehrlich zu sein, ist das kein Rezept für empfindliche Nasen, denn selbst gemachte Brennnessel-Jauche ist eine stinkende Brühe. Doch es lohnt sich, denn mithilfe des Düngers wird dein Garten nur so sprießen.

Du brauchst:

- Brennnesseln
- Wasser, wenn möglich Regenwasser
- optional: Gesteinsmehl
- einen alten Kübel
- Geschirrtuch
- Holzstab zum Umrühren

So wird's gemacht:

1. Such dir zuerst einen Platz, wo du die Stinkebrühe ansetzen kannst, ohne feine Nasen zu belästigen.
2. Befülle den Kübel mit frischen geschnittenen Brennnesseln. Verwende dazu Handschuhe, damit du dich nicht brennst.
3. Dann fülle verhältnisgetreu Wasser dazu. Das Mischverhältnis von Brennnesseln zu Wasser ist 1 zu 10.
4. Nun decke den Kübel mit dem Geschirrtuch zu, aber achte darauf, dass die Abdeckung Luft durchlässt.
5. So bleibt das Ganze etwa 2 Wochen stehen.
6. Besuche das Gebräu täglich und rühre es mithilfe eines Stabes um.
7. Fertig ist die Power-Jauche, wenn keine Blasen mehr zu sehen sind.
8. Jetzt werden die Pflanzenteile noch abgesiebt. Die Pflanzenreste kannst du kompostieren oder zum Mulchen im Garten verwenden.
9. Vor der Verwendung die fertige Brühe mit Wasser im Verhältnis 1 zu 10 verdünnen.

Tipp: Um den intensiven Geruch etwas zu dämmen, kannst du Gesteinsmehl dazugeben.

Mini-Brennnessel-Knödel

Du brauchst:

- 5 Handvoll frische Brennnesselblätter
- 1 Jungzwiebel
- 1 Knoblauchzehe
- 60 g Butter
- 3 Eier
- 100 ml Milch
- 5 Handvoll Semmelwürfel
- 40 g Mehl
- Salz und Pfeffer
- etwas Semmelbrösel
- etwas Parmesan

ACHTUNG: heiß!

So wird's gemacht:

1. Wasche die Brennnesselblätter gut und gib sie mit etwas Wasser in einen Topf.
2. Lass sie bei mittlerer Temperatur weich werden (das nennt man übrigens dünsten).
3. Püriere die weichen Brennnesselblätter mit einem Pürierstab.
4. Schneide nun Jungzwiebel und Knoblauch klein und brate sie in Butter an.
5. Verquirle Eier und Milch miteinander und gib dann die Semmelwürfel, das Brennnesselpüree, die angebratenen Jungzwiebeln und den Knoblauch zum Gemisch hinzu.
6. Lass das Ganze etwa 20 Minuten einweichen, hebe anschließend Mehl unter und würze mit Pfeffer und Salz.
7. Sollte die Masse noch zu flüssig sein, gib etwas Semmelbrösel dazu.
8. Forme nun mit kalten Händen Mini-Knödel in Flummi-Größe.
9. Lass danach Wasser mit Salz aufkochen, gib die Knödel hinein und lass sie bei schwacher Hitze für circa 12 Minuten köcheln.
10. Deine fertigen Knödel kannst du mit zerlassener Butter und Parmesan servieren und genießen.

Löwenzahn

MEIN NAME: Löwenzahn

WEITERE SPITZNAMEN: Apothekerkraut, Dotterblume, Augenmilch

MEINE ZAUBERFORMEL: Taraxacum officinale

MEINE FAMILIE: Korbblütler

MEINE BESTEN FREUNDE: Gänseblümchen

HIER FINDEST DU MICH IN DER REGEL: Ich wachse gern auf sogenannten »fetten« – also überdüngten – Wiesen, Weiden, Feldern, in Parkanlagen oder Beeten. Ich bin grundsätzlich nicht anspruchsvoll, daher findest du mich fast überall – meistens an sonnigen bis halbschattigen Plätzen.

IN DIESER ZEIT WACHSE ICH BESONDERS GERN: Ich gehöre zu den Frühlingsboten. Du findest mich vor allem im April und Mai. Manchmal komme ich ein zweites Mal im Herbst.

SO ERKENNST DU MICH: Ich habe einen aufrechten hohlen Stängel, in dem sich Milchsaft befindet. Dieser ist nicht giftig, kann aber bei empfindlichen Menschen Hautirritationen hervorrufen. Meine Blätter haben die Form von Zähnen und wachsen direkt am Boden rund um meinen Stängel – in einer sogenannten Rosette. Mein gelbes Köpfchen besteht ausschließlich aus gelben Blüten, und ich verwandle die Wiesen den Sommer über gern in ein Sonnenmeer. In der Wiese bin ich mit einer dicken und langen Wurzel fest verankert und bringe damit gern den einen oder anderen Gärtner zur Verzweiflung. Meine Samen nennt man Achänen, die eine luftige Kugel bilden. Diese ist dir besser als Pusteblume bekannt.

DIESE TEILE VON MIR KANNST DU ERNTEN: Blatt, Röhre (Stängel), Blüte, Wurzel

DAS KANN ICH BESONDERS GUT: Viele finden, ich sei lästiges Unkraut – doch zu Unrecht! Ich bin voller toller Inhaltsstoffe und deswegen auch ein wunderbares Wildgemüse. Ich mache dich nach dem Winter wieder vital und fit, fördere die Verdauung und mache dir Lust aufs Essen. Auch wenn mal ein Pups drückt, kann ich dich unterstützen.

MEINE GEHEIME SUPERPOWER: Ich bin stark wie ein Löwe und bringe deinen Organismus im Frühling wieder in Schwung. Auch dein Immunsystem stärke ich.

SO KANNST DU MICH VERWENDEN: Am besten, du vernaschst mich! Roh auf der Wiese schmecke ich sehr bitter, vor allem mein Stängel! Du kannst aus mir aber köstlichen Röhrlsalat machen oder aus meinen Knospen Kapern zaubern. Ich bin auch gut bei Husten und Heiserkeit, dafür kannst du Löwenzahnhonig oder -sirup herstellen.

WAS DU UNBEDINGT NOCH WISSEN SOLLTEST: Für Erwachsene bin ich eine tolle Alternative zu Kaffee. Dazu wird meine Wurzel geerntet, geschnitten und getrocknet. Danach in der Pfanne geröstet. Löwenzahnkaffee gibt Power ohne Koffein.

MEIN LEBENSMOTTO: Volle Kraft voraus: Ich wecke den Löwen in dir!

Mein wildes Fundstück:

Gefunden am: ______________________________

Fundort: ______________________________

Wunscherfüller am Stiel

So werden Träume wahr. Pusteblumen sind kleine magische Wunderwerke der Natur! Leider sind sie aber auch schnell wieder weg.
Ich zeige dir, wie du ganz einfach die Magie bewahren und vielleicht sogar weiterschenken kannst.

Du brauchst:

- 1 Löwenzahnknospe nach der Blüte
- dünnen Draht
- optional: Marmeladeglas (30–50 ml)

Wichtig: Vorab ist es wichtig, dass du den Löwenzahn im richtigen Stadium verwendest! Such dir daher den passenden Löwenzahn: Du brauchst eine Knospe, die nach der gelben Blüte entsteht. In dieser Knospe bilden sich die Samen des Löwenzahnes, die nach erneutem Aufgehen die wunderschöne Pusteblume ergeben.

So wird's gemacht:

1. Pflücke Löwenzahn mit etwa 5 Zentimeter langem Stängel.
2. Nun musst du vorsichtig arbeiten: Stich mit dem dünnen Draht behutsam durch den Stängel bis zur Blüte. Durch den Kontakt wird sich die Pusteblume in den nächsten Stunden öffnen.
3. Nun kannst du die Pusteblume dekorativ in Blumentöpfe oder Vasen stecken. Oder du schneidest den Draht kurz ab und legst die Pusteblume in ein kleines Marmeladeglas. Schleife und Etikett mit »Wunscherfüller« rundherum binden, und fertig ist das Geschenk.

Erfrischendes Löwenzahn-Joghurt-Eis

Eis geht immer. Umso cooler, wenn es direkt von der Wiese kommt und selbst gemacht ist. Schon mal probiert? Das Selbermachen hat viele Vorteile: Erstens weißt du genau, was in deinem Eis steckt, und zweitens macht die Herstellung wirklich viel Spaß.

Du brauchst:

- gezupfte Blütenblätter vom Löwenzahn
- 1 Vanilleschote
- 50 ml Löwenzahnsirup (Grundrezept wie beim Gänseblümchenirup, Seite 18; alternativ ist auch Löwenzahnhonig möglich)
- 100 ml Wasser
- 300 g Naturjoghurt
- 100 ml Schlagobers
- Eisformen

So wird's gemacht:

1. Kratze zuerst die Vanilleschote aus und koch sie mit Löwenzahnsirup und Wasser auf.
2. Nimm die Reste von der Vanilleschote dann heraus und lass das Sirup-Wasser-Gemisch abkühlen.
3. Vermische nun zuerst Joghurt und Schlagobers und verrühre die Mischung dann mit dem abgekühlten Wasser-Löwenzahnsirup-Mix.
4. Gib die Löwenzahnblüten dazu und fülle alles in Eisformen ab.
5. Gib die Formen ins Gefrierfach – nach mindestens 5 Stunden ist dein Eis genussbereit.

ACHTUNG: heiß!

Pst: Man könnte das Rezept natürlich auch mit Veilchensirup oder anderen Kräuterauszügen versuchen! Probier es aus!

Acker-Vergissmeinnicht

MEIN NAME: Acker-Vergissmeinnicht

WEITERE SPITZNAMEN: Blaues Himmelschlüssel, Blauer Augentrost

MEINE ZAUBERFORMEL: Myosotis arvensis

MEINE FAMILIE: Raublattgewächse

MEINE BESTEN FREUNDE: Schlangenknöterich

HIER FINDEST DU MICH IN DER REGEL: Ich mag nährstoffreiche Böden und bin eher im Halbschatten zu Hause.

IN DIESER ZEIT WACHSE ICH BESONDERS GERN: Ich bin von April bis Juli zu finden und zu ernten.

SO ERKENNST DU MICH: An meinen blauen Blüten und meinen rauen länglichen und schmalen Blättern.

DIESE TEILE VON MIR KANNST DU ERNTEN: Man erntet meine blauen Blüten.

DAS KANN ICH BESONDERS GUT: Ich gelte nicht gerade als große Heilpflanze, aber in der Volksheilkunde hat man gern Sirup aus mir gemacht und bei Atemwegserkrankungen eingesetzt. Auch zur äußerlichen Anwendung bei Quetschungen hat man einen Umschlag aus starkem Tee angewandt.

MEINE GEHEIME SUPERPOWER: Du kannst aus meinen Blüten einen Wasserauszug machen und mich auch als Blütenessenz einnehmen, da gelte ich als konzentrationsfördernd und erinnere dich daran, die Umwelt besser wahrzunehmen.

SO KANNST DU MICH VERWENDEN: Du kannst mich als Tee, Sirup oder äußerlich als Umschlag verwenden.

WAS DU UNBEDINGT NOCH WISSEN SOLLTEST: In mir stecken zwar leicht giftige Stoffe, sogenannte Alkaloide, aber keine Sorge, du darfst meine Blüten gern naschen oder zur Dekoration deiner Speisen verwenden.

MEIN LEBENSMOTTO: Mit blauen Augen hell in die Welt rausschauen.

Mein wildes Fundstück:

Gefunden am:

Fundort:

Salzteig-Ornamente

Mit den blauen Blüten des Vergissmeinnichts kann man wunderbar kleine Schmuckstücke verzieren und diese als Dekoration, Geschenksanhänger, Glücksbringer oder Christbaumschmuck verwenden.

Du brauchst:

- Vergissmeinnichtblüten und andere Kräuter wie Gänseblümchen, Gundelrebe, Schafgarbe
- Salzteig
- Keksausstecher
- Nudelholz
- Strohhalm
- Bänder

Für den Salzteig:

- 1 Becher Salz
- 1 Becher Wasser
- 2 Becher Mehl

So wird's gemacht:

1. Als Allererstes musst du den Salzteig vorbereiten! Das geht ganz schnell, denn du brauchst nur 3 Zutaten. Alle Zutaten werden gemischt und zu einem Teig verknetet.
2. Wenn der Teig fertig ist, ausrollen und nach Belieben ausstechen.
3. Die ausgestochenen Ornamente kannst du nun mit Blüten verzieren, indem du sie gut in den Teig hineindrückst.
4. Danach nochmals vorsichtig mit dem Nudelholz darüber rollen, um die Blüte zu fixieren.
5. Zu guter Letzt mit dem Strohhalm ein Loch machen, durch das du später dann ein Band fädeln kannst.
6. Die Ornamente 2–3 Tage trocknen lassen!
7. Nun kannst du Bänder einfädeln und dein Haus »kräuterlich« dekorieren. Zum Beispiel kannst du die Ornamente dekorativ ins Fenster hängen.

Türschild mit Blumeninitialen

Flower-Power überall: Bastle ein blumiges Schild für dein Kinderzimmer oder auch als Geschenk für deine beste Freundin, Mama, Tante oder deinen Opa.

Du brauchst:

- gepresste Vergissmeinnichtblüten
- dickes Papier in der Farbe deiner Wahl
- Schere
- Bleistift
- Klebestift
- 1 alten Bilderrahmen
- optional: Pinzette

So wird's gemacht:

1. Schneide das Papier so zurecht, dass es in deinen Rahmen passt. Am besten nimmst du dazu das Glas heraus und verwendest es als Vorlage. Leg es auf dein Papier, zeichne die Ränder mit Bleistift nach und schneide es aus.
2. Nun zeichnest du mit einem Bleistift einen Buchstaben deiner Wahl in die Mitte des Papiers. Drücke den Stift nicht zu fest an, damit man die Linien später gut mit den Blüten überdecken kann.
3. Fahre die Linien mit deinem Klebestift Stück für Stück nach und drücke vorsichtig deine Blüten darauf. Eine Pinzette kann hilfreich sein. Hier kannst du kreativ sein und nach deinen Wünschen und Vorstellungen vorgehen!
4. Wenn du fertig bist und kein Bleistiftstrich mehr zu sehen ist, lass alles gut trocknen und gib dein Kunstwerk in einen Bilderrahmen.
5. Hänge das Schild neben die Tür zu deinem Zimmer oder verschenke es.

Schlüsselblume

MEIN NAME: Schlüsselblume

WEITERE SPITZNAMEN: Himmelschlüssel, Primel

MEINE ZAUBERFORMEL: Primula officinalis

MEINE FAMILIE: Primelgewächse

MEINE BESTEN FREUNDE: Gänseblümchen, Veilchen

HIER FINDEST DU MICH IN DER REGEL: Meine Familie ist groß. Einige Arten von uns, so wie die Echte Schlüsselblume, sind leider immer seltener zu finden und in manchen Regionen, wie in Deutschland, daher auch naturgeschützt! Grundsätzlich mag ich feuchte Böden und halbschattige Plätze.

IN DIESER ZEIT WACHSE ICH BESONDERS GERN: Ich blühe von Mai bis Juli.

SO ERKENNST DU MICH: Ich habe dottergelbe Blüten. Sie erinnern an einen Kelch mit fünf Rüschen, die an einem hohen Stängel wachsen. Wenn du genauer hinschaust, kannst du dunkle Punkte in meinem Kelch erkennen. Meine eierförmigen Blätter befinden sich tief unten am Boden und sind oben flaumig behaart und ein bisschen runzelig.

DIESE TEILE VON MIR KANNST DU ERNTEN: Blüte und Blatt

DAS KANN ICH BESONDERS GUT: Ich habe es ziemlich in mir. Ich bin vor allem als Hustenkraut sehr bekannt und komme gemeinsam mit Veilchen und Gänseblümchen in den Hustensirup. Gern helfe ich bei schleimigem Husten. Auch wenn du große Schmerzen beim Husten hast, kannst du mich verwenden. Wenn du zu viel von mir trinkst, musst du wahrscheinlich öfter mal Pipi als gewohnt.

MEINE GEHEIME SUPERPOWER: Glaubt man dem alten Brauchtum, soll ich die erste Pflanze sein, die du nach einem langen Winter isst. Denn ich schließe den Körper für alle anderen Heilpflanzen auf und mache ihn bereit, diese aufzunehmen.

SO KANNST DU MICH VERWENDEN: Als Tee und Sirup oder zum Kochen. Meine Blüten sind auf Salaten und Aufstrichen sehr dekorativ.

WAS DU UNBEDINGT NOCH WISSEN SOLLTEST: Wie erwähnt gelte ich in manchen Regionen als naturgeschützte Pflanze. Bitte erkundige dich, ob du mich bei dir in der Nähe pflücken darfst. Wenn ich allerdings in deinem Garten wachse, kannst du gern achtsam ein paar Blüten verwenden.

MEIN LEBENSMOTTO: Im Kräuterjahr spiele ich gern die Schlüsselrolle.

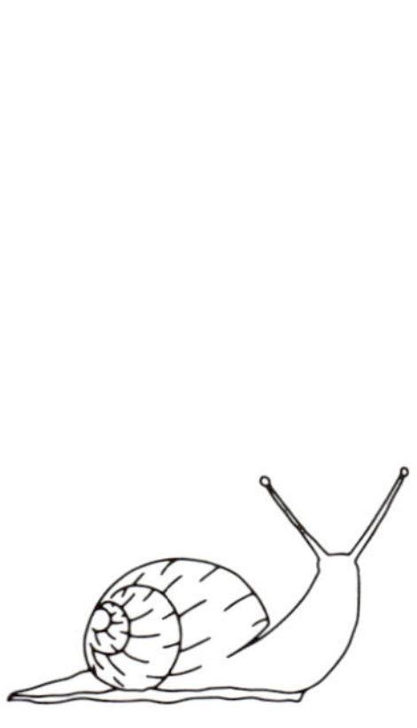

Mein wildes Fundstück:

Gefunden am:

Fundort:

Flower-Power-Kerzen

Wenn du mal jemandem sagen willst »Ich denke an dich«, verschenke diesen besonderen Blumenstrauß. Er kommt nicht in die Vase, sondern auf die Kerze. Aber Vorsicht, wir arbeiten mit heißem Wachs und Feuer! Bitte daher einen Erwachsenen, dich dabei zu unterstützen.

ACHTUNG: heiß!

Du brauchst:

- gepresste Schlüsselblumen
- Zeitungspapier zum Abdecken der Arbeitsfläche
- weiße Stumpenkerzen
- 1 Teelicht
- 1 alten Pinsel

So wird's gemacht:

1. Decke zuerst den Arbeitsplatz mit Zeitungspapier ab.
2. Beginne nun mit der ersten Blume. Leg sie so auf die Kerze, wie es hübsch für dich aussieht, und drücke sie vorsichtig mit dem Finger fest.
3. Zünde gemeinsam mit einem Erwachsenen das Teelicht an.
4. Jetzt kannst du mit dem Pinsel in das flüssige Wachs des Teelichtes eintauchen und vorsichtig über die Schlüsselblume malen. So fährst du fort, bis die ganze Blume mit Wachs bedeckt ist.

Tipp: Achtung, pass auf deine Finger auf und brenn dich nicht!

Eiswürfel mit Blüten

... machen jedes Glas Wasser zu einem besonderen Drink. Damit beeindruckst du bestimmt nicht nur die Gäste. Wenn du den Eiswürfeln zusätzlich etwas Geschmack verleihen möchtest, dann kannst du auch vorab einen Kräutersirup, beispielsweise den Gänseblümchensirup von Seite 18, mit Wasser verdünnen und in die Eiswürfelformen mit den Blüten geben.

Du brauchst:

- Blüten von der Schlüsselblume
- Wasser
- optional: Sirup
- Eiswürfelformen

So wird's gemacht:

1. Pflücke ein paar Schlüsselblumenblüten und leg sie in die Eiswürfelformen.
2. Gib Wasser dazu und stell alles in den Gefrierschrank.
3. Lust auf bunt? Sammle weitere Blüten wie vom Rotklee und Vergissmeinnicht und mische sie für ein kunterbuntes Trinkerlebnis.

Tipp: Statt Eiswürfelformen kannst du auch Muffinformen aus Silikon verwenden. Wenn du diese Eiswürfel in große Glaskaraffen mit Wasser gibst, sieht das total cool aus.

Gundelrebe

MEIN NAME: Gundelrebe

WEITERE SPITZNAMEN: Gundermann, Erdefeu, Silberkraut, Donnerrebe

MEINE ZAUBERFORMEL: Glechoma hederacea

MEINE FAMILIE: Lippenblütler

MEINE BESTEN FREUNDE: Kriechender Günsel. Wir werden sogar manchmal verwechselt.

HIER FINDEST DU MICH IN DER REGEL: Ich krieche gern auf Wiesen, an Feldrändern, unter Hecken und Gebüschen umher. Ich mag es gern schattig.

IN DIESER ZEIT WACHSE ICH BESONDERS GERN: Blühend findest du mich von April bis Juni.

SO ERKENNST DU MICH: Ich habe einen oberirdisch kriechenden Stängel, und man nennt mich nicht per Zufall Erdefeu, da ich mich ganz elegant über die Wiesen schlängle. Meine Blätter sind herzförmig und erinnern an kleine Rüschen. Meine Blüten sind violett.

DIESE TEILE VON MIR KANNST DU ERNTEN: Du kannst mich von Blüte bis Blatt ernten, das ganze Kraut sozusagen.

DAS KANN ICH BESONDERS GUT: Ich habe viele gute Eigenschaften, zum Beispiel kann ich Schleim lösen und helfe dir, wenn dir die Luft wegbleibt.
Aber auch, wenn dein Bauch zwickt und krampft, kannst du mich als Tee verwenden. Ich helfe, dein Immunsystem zu stärken, und kann deine Schürfwunden heilen. Ich schmecke recht würzig und werde daher auch gern in der Wildkräuterküche zum Würzen verwendet, ob in der Gründonnerstagssuppe oder in Aufstrichen.

MEINE GEHEIME SUPERPOWER: Ich trage ein eigenes Öl in mir, das ich mithilfe von Sonnenstrahlung in einem Glas ausschwitzen kann.

SO KANNST DU MICH VERWENDEN: Als Frischpflanzensaft, Teekraut oder Wildgemüse.

WAS DU UNBEDINGT NOCH WISSEN SOLLTEST: Bei den Germanen gehörte ich zu den Zauberpflanzen. Die alten Ahnen waren überzeugt, dass in mir ein guter Pflanzengeist lebt, der jeglichen bösen Zauber fernhalten könne. Außerdem sagt man mir nach, dass ich Blei aus dem Körper ausleiten kann.

MEIN LEBENSMOTTO: Hab immer offene Augen für die Natur.

Mein wildes Fundstück:

Gefunden am:

Fundort:

Blumenkranz zur Walpurgisnacht

Zur Gundelrebe gibt es allerlei Magisches und Mystisches zu erzählen. So gehört sie auch zur Walpurgisnacht dazu. In der Nacht zum 1. Mai wird sie gepflückt und als Zeichen der Naturverbundenheit im Blumenkranz getragen. Man glaubte fest daran, dass man damit Hexen erkennen kann.

Du brauchst:

- Gundelrebe mit möglichst langen Ranken
- Löwenzahn
- Gänseblümchen
- optional: Draht und Faden

Tipp: Durch die langen Ranken eignet sich die Gundelrebe gut als Basis für einen Kranz. Wenn du etwas mehr Stabilität benötigst, nimm dir gern einen Draht zur Hilfe und bastle daraus den Kranzrohling.

So wird's gemacht:

Variante ohne Draht:

1. Pflücke Gundelreben mit möglichst langen Ranken.
2. Flechte sie vorsichtig in der gewünschten Länge zusammen.
3. In die entstanden Zwischenräume kannst du abwechselnd Löwenzahnblüten und Gänseblümchen stecken.
4. Lass den Stängel von Löwenzahn und Gänseblümchen etwas länger und wickle ihn einmal herum, fixiere die Blumen innen mit einem Knoten.

Variante mit Draht:

1. Wenn du dich für die Drahtvariante entschieden hast, wickelst du die Gundelrebe einfach um deinen Kranzrohling und bindest die Kräuter mit einem dünnen Faden fest.
2. Anschließend kannst du in deinen Kranz noch die Gänseblümchen und Löwenzahnblüten wie in der ersten Variante einbauen.

Schnelle After-Eight-Pralinen aus dem Garten

Wusstest du, dass du aus den Blättern der Gundelrebe tolle Pralinen machen kannst? Geschmacklich passt sie nämlich hervorragend zu Schokolade. Die Kombi erinnert an die Minzblättchen namens After Eight.

Du brauchst:

- 1 Handvoll frische Gundelrebenblätter
- 1 Handvoll frische Gundelrebenblüten
- Kochschokolade
- feuerfestes Glas
- Topf für Wasserbad
- Teller mit Backpapier

So wird's gemacht:

1. Erhitze wenige Zentimeter Wasser in einem Topf.
2. Gib die Kochschokolade in das feuerfeste Glas und lass sie im Wasserbad schmelzen. Achte darauf, dass kein Wasser in die Schokolade spritzt.
3. Zupfe die Gundelrebenblätter ab.
4. Wenn die Schokolade flüssig ist, tauche die Blätter vorsichtig ein und leg sie auf das Backpapier. Gib 1–2 lila Blüten darauf und lass das Ganze aushärten.

ACHTUNG: heiß!

Gemeine Schafgarbe

MEIN NAME: Gemeine Schafgarbe

WEITERE SPITZNAMEN: Bauchwehkraut, Augenbraue der Venus

MEINE ZAUBERFORMEL: Achillea millefolium

MEINE FAMILIE: Korbblütler

MEINE BESTEN FREUNDE: Spitzwegerich, Gundelrebe, Giersch und Wilde Karotte. Aber eigentlich mag ich alle gern!

HIER FINDEST DU MICH IN DER REGEL: Ich bin überall, ob auf Wiesen, Weiden oder am Wegrand. Gern auf Feldern und Magerwiesen. Ich mag keine Staunässe, und man kann mich nur schwer umpflanzen. Ich wachse nur da, wo ich will und wo ich mich wohlfühlen kann.

IN DIESER ZEIT WACHSE ICH BESONDERS GERN: Ab Juni kannst du bereits meine jungen Blätter finden und bis Mitte September das obere Drittel vom ganzen Kraut ernten.

SO ERKENNST DU MICH: Auf den ersten Blick sehe ich wie ein Doldenblütler aus, bin ich aber nicht! Wenn du genauer hinschaust, bestehen meine einzelnen Blüten aus lauter kleinen meist weißen und manchmal rosafarbenen Korbblüten und bilden nur eine Scheindolde. Meine Blätter sind gefiedert und erinnern an die Augenbraue der Venus. Mein Stängel ist kantig, rau und sehr robust. Versuch mich mal zu pflücken, meist hast du alles von mir in der Hand, bis zur Wurzel. Ich kann bis zu einem Meter hoch werden, bin aber meistens kleiner.

DIESE TEILE VON MIR KANNST DU ERNTEN: Am besten, du nimmst eine Gartenschere und erntest das obere Drittel.

DAS KANN ICH BESONDERS GUT: Ich bin ein wahres Multitalent! Als Bauchwehtee erkläre ich jedem Krampf den Kampf. Auch bei Blähungen kann ich eingesetzt werden. Außerdem kann ich helfen, wenn du stark blutest, und deine Wunden versorgen. Man sagt auch, dass ich die Widerstandskraft meiner Nachbarpflanzen zu stärken vermag.

MEINE GEHEIME SUPERPOWER: Ich bin ein Power-Booster. Da ich so viele gute Eigenschaften besitze, sollte ich in keiner Kräuterteemischung fehlen.

SO KANNST DU MICH VERWENDEN: Du kannst mich als Bauchwehtee trinken oder meine jungen Blätter als Wildsalat verspeisen. Ich passe auch gut in Aufstriche und in die traditionelle Gründonnerstagssuppe. Als Sirup schmecke ich ebenso köstlich.

WAS DU UNBEDINGT NOCH WISSEN SOLLTEST: Auch in der Kosmetik werde ich gern verwendet: als Gesichtswasser für klare und schöne Haut. Aber auch als Heilsalbe hab ich einen guten Ruf und gehöre zu den besten!

MEIN LEBENSMOTTO: Ich lasse mich nicht verpflanzen!

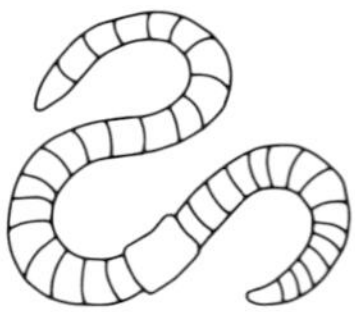

Mein wildes Fundstück:

Gefunden am:

Fundort:

Zero-Waste-Wunschbündel

Wenn du nach dem Trocknen die Blüten und Blätter abreibst und für Bauchwehtee in Papiertüten verstaust, bleiben meist die Stängel über. Aber keine Sorge, ich hab dafür eine Zero-Waste-Idee. Die robusten Stängel der Schafgarbe eignen sich wunderbar für Wunschbündel.

Du brauchst:

- 3–5 Stängel der Schafgarbe
- roten Faden
- Schere

So wird's gemacht:

1. Teile die Stängel in etwa 5 Zentimeter lange Stäbe und mach daraus kleine Bündel.
2. Binde diese anschließend mit einem roten Faden zusammen. Der rote Faden steht symbolisch für das Leben an sich, deine Wünsche und den Weg, den du gehen möchtest.
3. Nun kannst du dein Wunschbündel bei einer kleinen Zeremonie an die Naturwesen übergeben: entweder in einer Feuerschale verbrennen und mit dem Rauch direkt in den Himmel schicken oder im Garten vergraben, wo Wünsche wachsen dürfen.

Aber Vorsicht: Bloß nicht das Wünschen vergessen!

Grillspieße auf Wildkräutersalat

Ein frischer Wildkräutersalat mit Schafgarbe ist einfach herrlich. Und für die Stängel von der wilden Ungezähmten habe ich noch eine weitere Zero-Waste-Idee. Die tollen robusten Schafgarbenstängel kannst du nämlich wunderbar in Schaschlik-Spieße verwandeln. Das geht ruckzuck.

Du brauchst:

- 4 Schafgarbenstängel mit Blatt und Blüte
- 1 Handvoll Löwenzahn
- 1 Handvoll Gänseblümchen
- 1 Handvoll Spitzwegerich
- ein paar Gundelreben
- Gemüse nach Wahl wie Zucchini, Rote Rübe, Paprika, Tomate
- Halloumikäse
- Olivenöl
- 1 Zitrone
- Kräutersalz

So wird's gemacht:

1. Zuerst zupfst du Blüten und Blätter von den Schafgarbenstängeln ab und gibst diese in eine Schüssel. Die abgezupften Stängel werden nun zu deinen Grillspießen.
2. Das Gemüse und den Halloumi in kleine Stücke schneiden, etwa 2 x 2 Zentimeter.
3. Nimm die Schafgarbenstängel nun zur Hand, spieße einfach dein Lieblingsgemüse und etwas Halloumi auf, und nichts wie ab damit auf den Grill oder in die Pfanne.
4. Die anderen Wildkräuter (Löwenzahn, Spitzwegerich, Gundelrebe) waschen, klein schneiden und zu den Schafgarbenblüten und -blättern in die Salatschüssel geben.
5. Mit etwas Olivenöl, Zitronensaft und Kräutersalz würzen.
6. Gänseblümchenköpfe untermischen.
7. Die fertigen Grillspieße darauf garnieren und servieren.

Spitzwegerich

MEIN NAME: Spitzwegerich

WEITERE SPITZNAMEN: Schafzunge, Hundsripper, Lügenkraut

MEINE ZAUBERFORMEL: Plantago lanceolata

MEINE FAMILIE: Wegerichgewächse

MEINE BESTEN FREUNDE: Meine Brüder Breitwegerich und Mittlerer Wegerich

HIER FINDEST DU MICH IN DER REGEL: Ich mag es gern trocken! Daher stehe ich oft an Weg- und Feldrändern oder in trockenen Wiesen.

IN DIESER ZEIT WACHSE ICH BESONDERS GERN: Ich bin im Frühling und im Sommer zu finden, meine Blütezeit ist von Mai bis September.

SO ERKENNST DU MICH: An meinen langen, schmalen, spitz zulaufenden und gerippten Blättern, die schon mal 20 bis 40 cm lang werden können. Meine Blüten sind unscheinbar und zart, sie erinnern an kleine Antennen.

DIESE TEILE VON MIR KANNST DU ERNTEN: Meine jungen Blätter, aber auch die Blüten.

DAS KANN ICH BESONDERS GUT: Ich bin eine Schleimstoffdroge, daher kann ich vor allem bei Reizhusten helfen. Dafür kannst du einen kalten Teeauszug mit mir machen oder einen Hustensaft ansetzen. Außerdem wirke ich antibiotisch und habe kühlende Eigenschaften.

MEINE GEHEIME SUPERPOWER: Ich lindere Juckreiz und kann bei Insektenstichen, egal ob von Biene, Wespe oder Steckmücke, und leichten Verbrennungen frisch verrieben eingesetzt werden.

SO KANNST DU MICH VERWENDEN: Als Hustensirup oder Tee. Hier ist ein kalter Auszug notwendig, um die Schleimstoffe nicht zu zerstören. Zum Hustensirup passen auch noch Quendel und Fichtentriebe wunderbar. Ich bin außerdem eine kulinarische Köstlichkeit. Meine jungen Blätter zählen zum Wildsalat, vor allem zu Kartoffeln schmecke ich herrlich! Meine Blüten kannst du ernten und in Butter schwenken! Das schmeckt wie Schwammerl am Stiel! Einfach köstlich.

WAS DU UNBEDINGT NOCH WISSEN SOLLTEST: Früher glaubte man noch an meine Zauberkraft und hat aus meiner Wurzel magische Amulette gemacht.

MEIN LEBENSMOTTO: Gesundheit und Erste Hilfe auf allen Wegen!

Mein wildes Fundstück:

Gefunden am: ______

Fundort: ______

Hustenhonig

Spitzwegerich ist mit seinen Schleimstoffen ein tolles Hausmittel bei Husten und wirkt reizmildernd. Da Hitze die hochwertigen Inhaltsstoffe zerstört, eignet sich vor allem ein Hustenhonig wunderbar und schmeckt fast jedem Kind.

Du brauchst:

- Spitzwegerich
- optional: weitere Kräuter nach Wahl oder auch junge Fichtentriebe
- Honig vom Imker deines Vertrauens
- sauberes Marmeladeglas

So wird's gemacht:

1. Schneide die Spitzwegerichblätter grob in etwa 2-Zentimeter-Streifen
2. Fülle dein Marmeladeglas bis zum Rand locker mit den frischen geschnittenen Spitzwegerichblättern. Du kannst auch noch Quendel, Fichtenspitzen, Gänseblümchen und Veilchen dazugeben, wenn du möchtest.
3. Füge den Honig hinzu, bis das Glas voll ist, und stell sicher, dass alle Pflanzenteile bedeckt sind.
4. Verschließe das Glas und beschrifte es gut, damit du auch später noch weißt, was du angesetzt hast.
5. Stell das Glas nun für 28 Tage an einen gleichmäßig warmen, aber schattigen Platz.
6. Nach vier Wochen werden die Kräuter abgeseiht und du kannst den Hustenhonig verwenden.

Achtung: Nicht für Kinder unter 2 Jahren geeignet. Als Alternative für den Honig kann man bei kleinen Kindern Ahornsirup verwenden.

Focaccia mit Spitzwegerich

Eine Blumenwiese zum Essen. Ob als Jause zwischendurch oder für den nächsten Grillabend, ein Kräuter-Focaccia ist ein essbares Kunstwerk.

Du brauchst:

- 1 Handvoll Spitzwegerich
- ein paar Spitzwegerichknospen
- 300 g Dinkelmehl
- 1 TL Kräutersalz
- 1 TL Zucker
- 1 Pkg. Trockengerm
- 3 EL Olivenöl
- 150 ml lauwarmes Wasser

So wird's gemacht:

1. Dinkelmehl, Salz und Zucker in eine Rührschüssel geben.
2. Den Trockengerm darüberstreuen.
3. Das Olivenöl und schließlich das warme Wasser dazugeben.
4. Mit dem Knethaken 8 Minuten auf niedriger Stufe durchkneten.
5. Eine halbe Stunde zugedeckt an einem warmen Platz rasten lassen.
6. In der Zwischenzeit 3–5 Spitzwegerichblätter zur Seite legen. Die restlichen Blätter klein schneiden.
7. Den Germteig einmal händisch durchkneten und den klein geschnittenen Spitzwegerich einkneten.
8. Den Teig weitere 15 Minuten gehen lassen.
9. Auf bemehlter Arbeitsfläche ausrollen und mit Olivenöl bestreichen.
10. Backrohr auf 200 Grad Heißluft vorheizen.
11. Mit Spitzwegerichblättern und -knospen ein Kunstwerk gestalten.
12. 20 Minuten bei 200 Grad Heißluft backen.

ACHTUNG: heiß!

Breitwegerich

MEIN NAME: Breitwegerich

WEITERE SPITZNAMEN: Herr des Weges

MEINE ZAUBERFORMEL: Plantago major

MEINE FAMILIE: Wegerichgewächse

MEINE BESTEN FREUNDE: Spitzwegerich und Mittlerer Wegerich, meine Geschwister.

HIER FINDEST DU MICH IN DER REGEL: An trockenen Wegrändern.

IN DIESER ZEIT WACHSE ICH BESONDERS GERN: So wie mein großer Bruder Spitzwegerich von Mai bis September.

SO ERKENNST DU MICH: Ich habe runde, leicht spitz zulaufende Blätter, die mit Fäden durchzogen sind. Meine Blüten sind lang und zart.

DIESE TEILE VON MIR KANNST DU ERNTEN: Die Blätter und meine Samen.

DAS KANN ICH BESONDERS GUT: Ich gehöre zur Wegrand-Apotheke und bin vor allem zur äußeren Anwendung geeignet – als Blasenpflaster, bei schmerzenden Füßen oder anderen Entzündungen. Ich kann wundheilend, reizmildernd und antibakteriell wirken.

MEINE GEHEIME SUPERPOWER: Meine Samen kannst du ab August ernten. Sie schmecken leicht nussig. Röste sie und gib sie in dein Frühstücksmüsli.

SO KANNST DU MICH VERWENDEN: Im Grunde gleich wie meinen großen Bruder, ich habe zwar nicht ganz so viel Heilkraft, aber werde gern zu den gleichen Zwecken eingesetzt.

WAS DU UNBEDINGT NOCH WISSEN SOLLTEST: Als altes Hausmittel werde ich auch gern bei Ohrenschmerzen eingesetzt. Hierzu ziehst du die Fäden aus meinem Blatt und machst kleine Kugeln daraus, diese werden vorsichtig ins Ohr gelegt und ziehen Schmerz und Entzündung heraus.
Bitte lass dir von einem Erwachsenen helfen!

MEIN LEBENSMOTTO: Der Weg ist das Ziel. Keiner kriegt mich so schnell unter.

Mein wildes Fundstück:

Gefunden am:

Fundort:

Schwebendes Fenster-Herbarium

Rück deine gepressten Kräuter doch mal ins Rampenlicht, indem du eine kleine Ausstellung auf die Beine stellst. Ganz besonders zur Geltung bringst du die Kräuter, wenn du sie ins Fenster klebst. Durch die Sonneneinstrahlung kannst du die Blattadern sehr gut sehen. Du kannst auch verschiedene Muster damit gestalten.

Du brauchst:

- gepresste Breitwegerichblätter und -blüten
- Klebestift
- Pergamentpapier
- optional: Washi-Tape
- Schere
- Schnur

So wird's gemacht:

1. Klebe deine gepressten Blätter mit Klebestift auf das Pergamentpapier.
2. Wenn du magst, dekoriere das Bild mit Washi-Tape. Klebe damit beispielsweise einen Rahmen rund um die Pflanzen.
3. Mach mit der Schere ein Loch am oberen Ende, mittig, damit du es aufhängen kannst.
4. Fädle die Schnur durchs Loch, damit du dein schwebendes Herbarium ins Fenster hängen kannst.

Gefüllte Breitwegerich-Röllchen

Breitwegerichblätter eignen sich dank ihrer Größe hervorragend zum Befüllen. Sie machen auf deinem Kräuterbuffet eine gute Figur und mächtig Eindruck.

Du brauchst:

- 6 große saubere Breitwegerichblätter
- Breitwegerichsamen
- Sonnenblumenkerne
- verschiedene Wildkräuter wie Spitzwegerich, Schafgarbe, Gänseblümchen, Vogelmiere …
- 100 g Joghurt
- 100 g Topfen
- 100 g Sauerrahm
- etwas geriebenen Käse
- Kräutersalz
- Zahnstocher oder Spitzwegerichstängel

So wird's gemacht:

1. Röste die Sonnenblumenkerne ohne Öl in einer Pfanne kurz an.
2. Für die Füllung wäschst und zerkleinerst du die Wildkräuter deiner Wahl und gibst sie gemeinsam mit den Breitwegerichsamen in eine Schüssel.
3. Mische Joghurt, Topfen und Sauerrahm dazu.
4. Am Schluss kannst du den Käse und die Sonnenblumenkerne unterrühren und das Ganze mit Kräutersalz nach Geschmack würzen.
5. Fülle die Blätter mit dem Topfengemisch, rolle sie ein und fixiere die Rollen mit Zahnstochern oder Stängeln vom Spitzwegerich.
6. Verziere dein Essen mit ein paar frischen essbaren Blüten!

Rotklee

MEIN NAME: Rotklee

WEITERE SPITZNAMEN: Wiesenklee, Hummelklee

MEINE ZAUBERFORMEL: Trifolium pratense

MEINE FAMILIE: Schmetterlingsblütler

MEINE BESTEN FREUNDE: Ich hab gern Grashalme und Glockenblumen um mich herum.

HIER FINDEST DU MICH IN DER REGEL: Ich wachse gern in der Sonne, auf jedem Boden. Du findest mich sowohl im Garten, an Wegrändern und auch auf Waldlichtungen.

IN DIESER ZEIT WACHSE ICH BESONDERS GERN: Meine Hochzeit ist im Sommer.

SO ERKENNST DU MICH: Ich habe rosa bis rote Blütenköpfe. Wenn du genau hinsiehst, kannst du erkennen, dass es viele kleine Schmetterlingsblüten sind. Meine Blätter sind rund und meist dreizählig.

DIESE TEILE VON MIR KANNST DU ERNTEN: Ich bin als Ganzes essbar, aber vor allem der Blütenkopf schmeckt herrlich süß.

DAS KANN ICH BESONDERS GUT: Ich wirke krampflösend und hautfreundlich. Außerdem bin ich ein Wiesen-Snack. Ich bin süß wie Honig. Zuzle mich aus, das schmeckt köstlich! Dazu saugst du am weißen Teil meiner Einzelblüten. Wenn du nichts schmeckst, dann kann es sein, dass ein Insekt schneller war als du und den Nektar bereits eingesammelt hat.

MEINE GEHEIME SUPERPOWER: Ich bin eine tolle Futterpflanze für Tiere, aber auch Schmetterlinge und Hummeln lieben mich!

SO KANNST DU MICH VERWENDEN: Als Brotaufstrich und Wildgemüse in Salaten oder auf der Eierspeise, in der Suppe oder als Tee.

WAS DU UNBEDINGT NOCH WISSEN SOLLTEST: Ich bin sagenumwoben. Meine Blätter bringen, wenn sie vierblättrig auftauchen, Glück, doch fünfblättrig bringe ich angeblich Unglück. Nimm mich mit auf Reisen: Früher hat man mich ins Gewand eingenäht, um den Reisenden vor Unglück zu bewahren.

MEIN LEBENSMOTTO: Glück auf Reisen werde ich dir weisen.

Mein wildes Fundstück:

Gefunden am:

Fundort:

Sprudelnde Badebomben

Die rosafarbenen Blüten des Wiesenklees eignen sich hervorragend für dein selbst gemachtes und hautfreundliches Badekonfekt. Mit rosa Konfetti ist sprudelnder Spaß garantiert.

ACHTUNG: heiß!

Du brauchst:

- getrocknete Kleeblüten
- 125 g Natron
- 60 g Zitronensäure
- 30 g Stärke
- 3 EL Mandelöl
- 20 g Sheabutter
- optional: 6 Tropfen echtes ätherisches Lavendelöl (wirkt beruhigend und harmonisierend)
- feuerfestes Gefäß
- Topf fürs Wasserbad
- optional: Eiswürfelformen

So wird's gemacht:

1. Natron, Zitronensäure und Stärke vorsichtig vermengen.
2. Sheabutter und Mandelöl im Wasserbad schmelzen lassen. Achte auf die Hitze, Sheabutter ist sehr empfindlich.
3. Sobald alles flüssig ist, das Natron-Zitronensäure-Stärke-Gemisch unterrühren, bis eine geschmeidige Konsistenz entsteht. Etwas abkühlen lassen.
4. Kleeblüten abzupfen, untermischen und die Masse zu walnussgroßen Kugeln formen.
5. Um sie schneller zu trocknen, kannst du deine Kugeln über Nacht in den Kühlschrank geben.

Tipp: Auch Eiswürfelformen eignen sich hier. Nachdem die Badebomben getrocknet und ausgehärtet sind, kannst du sie vorsichtig aus der Form drücken.

Haltbarkeit: mindestens 6 Monate

Rosa Joghurt-Topfen-Creme mit Rotklee

Mit Blüten sieht nicht nur jedes Essen zauberhaft aus, es schmeckt auch noch feiner. Eine Extraportion guter Inhaltsstoffe hat man gleich mit dabei.

Du brauchst:

- 2 Handvoll frische Rotkleeblüten
- 1 Becher Topfen
- 1 Becher Joghurt
- 250 g frische Himbeeren
- 2 EL Honig
- ein paar Rosenblüten zur Dekoration

So wird's gemacht:

1. Pflücke 2 Handvoll Rotkleeblüten.
2. Wasche die frisch gepflückten Kleeblüten und tupfe sie trocken. Danach zupfst du die einzelnen Blüten heraus.
3. Vermische nun Topfen und Joghurt.
4. Leg ein paar Himbeeren zum Garnieren beiseite und rühre die restlichen Himbeeren unter.
5. Süße das Ganze mit Honig.
6. Gib die Kleeblüten vorsichtig dazu und fülle die Creme in eine hübsche Dessertschale.
7. Zu guter Letzt die Rosenblüten darauf streuen und deine Schale mit den Himbeeren garnieren.

Tipp: Schmeckt lecker mit Waffeln, Pancakes oder einfach pur.

Hirtentäschel

MEIN NAME: Hirtentäschel

WEITERE SPITZNAMEN: Hebammenkraut, Blutkraut, Herzerlblume, Löffeldieb

MEINE ZAUBERFORMEL: Capsella bursa-pastoris

MEINE FAMILIE: Kreuzblütler

MEINE BESTEN FREUNDE: Breitwegerich und Strahlenlose Kamille

HIER FINDEST DU MICH IN DER REGEL: Ich bin ein »Hungerkünstler« und finde überall Platz, um zu wachsen – egal ob an Ackerrändern, Schuttplätzen, im Garten oder auf Wiesen. Ich mag Sonne und Halbschatten und bin recht anspruchslos.

IN DIESER ZEIT WACHSE ICH BESONDERS GERN: Eigentlich findest du mich von März bis November, ernten solltest du mich allerdings bis zum September.

SO ERKENNST DU MICH: Mein Hauptmerkmal sind meine verkehrten herzförmigen Früchte, die an die Taschen von Hirten erinnern. Daher kommt auch mein Name. Meine schmalen länglichen Blätter wachsen nahe am Boden. Sie sind meist unförmig gelappt, fast gezahnt und haben Ähnlichkeit mit Löwenzahnblättern. Meine Blüten sind klein, weiß und haben vier Blätter.

DIESE TEILE VON MIR KANNST DU ERNTEN: Von mir kannst du das ganze Kraut sowie die Früchte ernten.

DAS KANN ICH BESONDERS GUT: Meine herzförmigen Früchte enthalten sehr viel Vitamin C – dreimal so viel wie eine Zitrone.
Somit bin ich ein Turbo-Booster bei Erkältungen und Co.

MEINE GEHEIME SUPERPOWER: Ich bringe Blut zum Stoppen und bin somit bei Nasenbluten eine gute Idee. Einfach einen starken Tee aus mir machen und ein Taschentuch damit tränken. Das kannst du dir bei vorgebeugtem Kopf in den Nacken legen oder auch fest unter die Nase drücken.
In der Volksheilkunde hat man früher bei hohem Fieber das ganze Kraut zerstoßen und mit Essig einen Wickel ums Handgelenk gemacht.
Übrigens: Der Frischsaft kann auch gegen Ohrenschmerzen helfen.

SO KANNST DU MICH VERWENDEN: Meine Blätter kannst du wie Rucola-Salat verwenden, und meine Früchte lassen sich gut als Wiesen-Snack naschen. Sie schmecken leicht pfeffrig und bringen besonderen Schwung in dein Essen, wenn du es leicht scharf magst!

WAS DU UNBEDINGT NOCH WISSEN SOLLTEST: Ich bin eine Pionierpflanze, das heißt, ich besiedle gern bestimmte Gebiete als Erster! Außerdem gelte ich als hartnäckiges Kraut, und man wird mich nicht so schnell los, denn eine einzelne Pflanze meiner Art hat über 60 000 Samen!

MEIN LEBENSMOTTO: Scharf, aber herzlich!

Mein wildes Fundstück:

Gefunden am:

Fundort:

Herziges Windlicht-Upcycling

Die Früchte des Hirtentäschels sind womöglich die dekorativsten, die wir in der Natur finden. Mit ihrer Herzform eignen sie sich für viele einfache Basteleien. Man kann beispielsweise Fensterbilder, Laternen, Wimpelketten oder auch Windlichter damit schmücken.

Du brauchst:

- gepresste Hirtentäschel
- alte Marmeladegläser
- weißes Seidenpapier oder Servietten
- Serviettenkleber
- Schwamm
- hübsche Bänder zum Verzieren

So wird's gemacht:

1. Zuerst werden die Stängel des Hirtentäschels mit seinen Früchten gepresst. Leg sie hierfür entweder in ein dickes Buch oder in eine Blumenpresse.
2. Nach ein paar Tagen sind sie fertig, und es kann losgehen.
3. Betupfe das alte Marmeladeglas außen mit Serviettenkleber und leg Seidenpapier oder Servietten (nur eine Lage!) darauf. Betupfe es dann erneut – so schaffst du dir eine Grundierung für dein Windlicht.
4. Nun leg die gepressten Hirtentäschel nach deinem Geschmack darauf, kürze sie gegebenenfalls zurecht.
5. Gehe vorsichtig mit dem Schwamm und Serviettenkleber darüber und fixiere das Kraut.
6. Nun lass alles trocknen.
7. Anschließend kannst du das Glas noch mit Bändern dekorieren.

Butterbrot mit Herzbotschaft

Die herzförmigen Früchte des Hirtentäschels schmecken leicht nach Pfeffer und lassen sich wunderbar naschen. Mit den einzelnen Früchten kann man Liebesbotschaften aufs Butterbrot schmieren.

Du brauchst:

- Hirtentäschelfrüchte
- Brot
- Butter

So wird's gemacht:

1. Zupfe die Früchte des Hirtentäschels vom Stängel ab – je nachdem, wie lang deine Botschaft oder Zeichnung werden soll, brauchst du mindestens eine Handvoll davon.
2. Bestreiche eine Scheibe Brot mit Butter.
3. Nun kannst du mit den einzelnen Samen eine Nachricht drauflegen oder ein schönes Bild gestalten. Damit kann man richtig hübsche Muster zaubern.
4. Gern kannst du auch ein paar Hirtentäschelblätter klein schneiden und mitverwenden.
5. Oder du sammelst verschiedene Blüten, wie Gänseblümchen, Schlüsselblume, Löwenzahn & Co, und legst ein buntes Herz-Mandala auf dein Butterbrot.

Freundschaftsrezepte

In diesem Buch hast du bereits eine Menge toller Ideen und Rezepte mit deinen neuen wilden Kräuterfreunden erhalten. Gern möchte ich dir noch 2 Jahresprojekte verraten. Es sind sozusagen Freundschaftsrezepte, die du mit allen Kräutern aus diesem Buch zusammen machen kannst.

Wilder Traumfänger

Eine Idee, damit du deine wilden Freunde nicht so schnell vergisst! Sammle bei jedem deiner Streifzüge durch Wiesen und Felder ein paar Exemplare deiner wilden Kräuterfreunde für deinen Traumfänger.

Du brauchst:

- alle wilden Kräuterfreunde aus deinem Freundebuch
- einen frischen Ast einer Weide, Haselnuss oder Hainbuche
- Spagat oder andere Schnur
- Bänder und Schleifen zum Verzieren

Der Zweig sollte auf jeden Fall biegsam sein. Manchmal hilft es, ihn in Wasser einzulegen, damit er biegsam bleibt.

So wird's gemacht:

1. Mach dir aus deinem Ast einen Reifen in der gewünschten Größe.
2. Wickle die Schnur fest um deinen Reifen, am besten so, dass viele Überkreuzungen entstehen.
3. Anschließend kannst du die frischen Kräuter einfädeln. Auch später kannst du deinen Kräuterring immer mitnehmen und ergänzen.
4. Um einen Traumfänger daraus zu machen, binde an der unteren Seite noch Schleifen und Bänder oder Federn an und hänge ihn über dein Bett. Er soll böse Geister fernhalten, dich beschützen und gute Träume bringen.

Tipp: Du kannst auf diese Art und Weise auch ein Schutzamulett machen.

Regenbogensalz

Für ein kunterbuntes Regenbogen-Kräutersalz bereitest du separate Kräutersalze aus verschiedenen Kräutern zu und schichtest sie dann in einem großen Glas.

Du brauchst:

- frische Kräuter nach Saison
- unbehandeltes Steinsalz
- Mörser
- Teller zum Trocknen
- optional: Backpapier
- großes Einmachglas

So wird's gemacht:

1. Sammle das Kraut nach Wahl und zerkleinere es grob, bevor du es in den Mörser gibst.
2. Gib Salz dazu. Ich nehme in etwa 1 EL Steinsalz auf 1–2 EL frisches Kraut.
3. Nun wird das Ganze vermörsert, bis das Salz die Farbe und Energie der Kräuter aufgenommen hat. Es sollten keine oder kaum noch Reste vom Kraut vorhanden sein. Bei manchen Wildkräutern ist das einfacher, bei anderen kann es etwas länger dauern.
4. Trage dein frisches Kräutersalz ganz dünn auf einen Teller auf und lass es ungefähr 24–48 Stunden trocknen. Am besten legst du Backpapier unter, dann kann man es anschließend leichter ins Glas umfüllen.
5. Wenn es komplett trocken ist, noch mal fein verreiben.
6. Bei Restfeuchtigkeit noch nachtrocknen lassen, ansonsten in dein großes Glas umfüllen.
7. Du kannst das ganze Jahr über immer wieder neue Kräuter, die du kennenlernst und verarbeiten möchtest, hinzufügen.
8. Füge die verschiedenen Salze Schicht für Schicht in dein Glas, so entsteht ein herrlicher Regenbogen-Effekt, der deine ganze Jahresernte umfasst.

Tipp: Gerade bei Spitzwegerich, Breitwegerich, Brennnessel und Schafgarbe empfehle ich dir, möglichst junge Blätter zu verwenden. Bei Gänseblümchen, Rotklee, Gundelrebe, Schlüsselblume und Vergissmeinnicht nimmst du die Blüten. Bei Löwenzahn und Schafgarbe kannst du sowohl Blüte als auch Blätter verwenden. Bei der Vogelmiere und dem Hirtentäschel kannst du das ganze Kraut verwenden.

Sammel- und Saisonkalender

Grundsätzlich erntet man zwischen März und September, um die vollen Inhaltsstoffe und die Kraft der Kräuter ideal nutzen zu können. Doch du wirst sehen, dass auch schon in den Wintermonaten so einiges zum Vernaschen und Basteln zu finden ist.

Jänner

- Gänseblümchen (Bl)
- Vogelmiere (GK)

Februar

- Gänseblümchen (Bl)
- Vogelmiere (GK)

März

- Gänseblümchen (Bl)
- Vogelmiere (GK)
- Brennnessel (JB)

April

- Gänseblümchen (Bl)
- Vogelmiere (GK)
- Brennnessel (JB)
- Gundelrebe (Bl, B)
- Löwenzahn (GK, W)
- Schafgarbe (Bl, B)

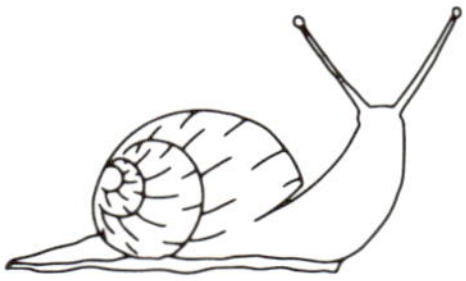

Mai

- Gänseblümchen (Bl)
- Vogelmiere (GK)
- Brennnessel (JB)
- Gundelrebe (Bl, B)
- Hirtentäschel (GK)
- Löwenzahn (GK, W)
- Vergissmeinnicht (Bl)
- Rotklee (Bl)
- Schafgarbe (Bl, B)
- Spitzwegerich (Bl, B)
- Schlüsselblume (Bl)
- Breitwegerich (Bl, B)

Juni

- Gänseblümchen (Bl)
- Vogelmiere (GK)
- Brennnessel (JB)
- Gundelrebe (Bl, B)
- Hirtentäschel (GK)
- Löwenzahn (GK, W)
- Vergissmeinnicht (Bl)
- Rotklee (Bl)
- Schafgarbe (Bl, B)
- Spitzwegerich (B, S)
- Schlüsselblume (Bl)
- Breitwegerich (Bl, B)

Juli

- Gänseblümchen (Bl)
- Vogelmiere (GK)
- Brennnessel (JB)
- Hirtentäschel (GK)
- Löwenzahn (Bl)
- Vergissmeinnicht (Bl)
- Rotklee (Bl)
- Schafgarbe (Bl, B)
- Spitzwegerich (B, S)
- Breitwegerich (BL, B)

August

- Gänseblümchen (Bl)
- Vogelmiere (GK)
- Brennnessel (JB)
- Rotklee (Bl)
- Schafgarbe (Bl, B)
- Spitzwegerich (B, S)
- Breitwegerich (BL, B)

September

- Gänseblümchen (Bl)
- Vogelmiere (GK)
- Brennnessel (S)
- Rotklee (Bl)
- Schafgarbe (Bl, B)
- Spitzwegerich (B, S)
- Breitwegerich (BL, B)

Oktober

- Gänseblümchen (Bl)
- Vogelmiere (GK)
- Brennnessel (S)

November

- Winterpause

Dezember

- Winterpause

Bl: Blüte
GK: ganzes Kraut
B: Blatt
JB: junge Blätter
W: Wurzel
S: Samen

Begegnungen am Wegesrand

Falls dir auf deinen Streifzügen noch weitere Kräuterfreunde begegnen, kannst du sie hier eintragen und beschreiben.

MEIN NAME: ______________________

WEITERE SPITZNAMEN: ______________________

MEINE ZAUBERFORMEL: ______________________

MEINE FAMILIE: ______________________

FUNDDATUM UND FUNDORT: ______________________

MEIN NAME:

WEITERE SPITZNAMEN:

MEINE ZAUBERFORMEL:

MEINE FAMILIE:

FUNDDATUM UND FUNDORT:

MEIN NAME:

WEITERE SPITZNAMEN:

MEINE ZAUBERFORMEL:

MEINE FAMILIE:

FUNDDATUM UND FUNDORT:

MEIN NAME:

WEITERE SPITZNAMEN:

MEINE ZAUBERFORMEL:

MEINE FAMILIE:

FUNDDATUM UND FUNDORT:

Bring Farbe ins Leben deiner Kräuterfreunde!

Schnapp dir deine Buntstifte und male die Kräuterbilder aus.
Weißt du noch, welche Farben die verschiedenen Kräuter haben?

Finde das richtige Blatt zur Blüte!

Verbinde, was zusammengehört!

Pst: Wenn du nicht weiterweißt, kannst du Blätter und Blüten mit den Steckbriefen deiner Kräuterfreunde abgleichen.

Was ist was?

Verbinde jedes Kräuter-Porträt mit dem zugehörigen Namen.

Schlüsselblume

Hirtentäschel

Breitwegerich

Vogelmiere

Rotklee

Gundelrebe

Gänseblümchen

Spitzwegerich

Gemeine Schafgarbe

Löwenzahn

Große Brennnessel

Acker-Vergissmeinnicht

Danke!

Ein ganz großes Danke geht an meine zwei Kinder Annika und Emil, durch die ich die Natur und ihre Kräuterwunder noch mehr schätzen und lieben gelernt habe. Danke für die Sicht auf die Dinge durch eure Kinderaugen, danke für eure ehrliche Kritik, eure unermüdliche Hilfe und die gemeinsamen Kräuterabenteuer! Danke für euer Kinderlachen und eure Gänseblümchenliebe, die ihr mit mir teilt. Danke auch an meinen lieben Schatz Markus, dass du mir den Rücken frei hältst und mich ermutigst, meinen Träumen zu folgen.

Auf meiner Kräuterreise die letzten sieben Jahre habe ich viele großartige Kräuterfrauen kennenlernen dürfen, die mich sowohl on- als auch offline inspiriert haben. Ein besonders herzlicher Dank geht an meine liebe Kräuterfreundin Ulli, die mich von Anfang an auf dieser Reise begleitet und mich stets mit ihren weisen Worten und Geschichten bereichert. Liebe Ulli, danke für die vielen gemeinsamen Kräuterwanderungen, unsere Gespräche, das Brainstorming, deine Ideen und deinen Input zu meinem ersten Kräuterbuch.

Danke an das Servus-Edition-Team Christoph Loidl, Sophia Angerer und meine Lektorin Anna Friedl. Danke, dass ihr von Anfang an an meine Idee und mein Konzept geglaubt habt und mir geholfen habt, dieses Herzensprojekt umzusetzen.

Danke an Christina Wasenegger für die wunderschönen Illustrationen und die Umsetzung der Bilder in meinem Kopf. Es ist etwas ganz Besonderes, jemanden wie dich an der Seite zu haben und zu wissen, dass du es mit deinem Talent schaffst, mein Gefühl auf Papier zu bringen.

Danke an Mutter Erde für die vielen Schätze
und Wunder, die es zu erforschen gibt!

Über die Autorin

Anja Fischer wurde 1980 in Graz geboren. Heute lebt die zweifache Mutter mit ihrer Familie im Salzburger Land, wo sie als diplomierte Kräuterfee, freie Autorin und Content Creator arbeitet. Auf ihrem Naturblog »Gänseblümchen & Sonnenschein« und auf Instagram erzählt sie über das Landleben mit Kindern und nimmt ihre Leser auf Kräuterentdeckungsreise mit. Ihre Kräuterliebe und ihr Wissen gibt sie gern an Groß und Klein weiter, sowohl in On- als auch in Offline-Workshops.
Mehr dazu findest du auf: **www.gaensebluemchensonnenschein.com**
und auf Instagram: **@gaensebluemchensonnenschein**

Ausbildungen

2014: TEH Kräuterpraktikerin
2019–2021: FNL-Kräuterexpertin

Verwendete und weiterführende Bücher

- Die Kräuter in meinem Garten, Siegrid Hirsch & Felix Grünberger, Freya Verlag
- Praxis-Lehrbuch der modernen Heilpflanzenkunde, Ursel Bühring, Haug Verlag
- Schlag nach über Heilpflanzen, Ignaz Schlifni, Ennsthaler Verlag
- Die Natur-Apotheke, Karin Buchart & Miriam Wiegele, Servus Verlag

Impressum

2. Auflage

Die Erläuterungen und Rezepturen in diesem Buch sind nach bestem Wissen und Gewissen verfasst. Anleitungen, Zubereitungen, Rezepte usw. ersetzen weder eine persönliche Beratung, Untersuchung oder Diagnose durch einen Arzt noch eine entsprechende Therapie. Die in diesem Buch erteilten Auskünfte und Inhalte dienen der allgemein unverbindlichen Unterstützung und Information des Lesers. Alle Anwendungen und Rezepte beruhen auf persönlichen Erfahrungen. Die Anwendung unterliegt der Eigenverantwortung jedes Einzelnen. Für Auswirkungen jeglicher Art, die durch unsachgemäße Handhabung verursacht werden, ist jedweder Haftungsanspruch gegenüber Autor/Verlag ausgeschlossen. Ebenso die Haftung des Autors für Personen-, Sach- und Vermögensschäden.

Gesetzt aus der Myriad Pro, Gunny Rewritten, Frente H1, Geffry-Script

Medieninhaber, Verleger und Herausgeber:
Red Bull Media House GmbH
Oberst-Lepperdinger-Straße 11–15
5071 Wals bei Salzburg, Österreich

Umschlag-, Innenteilgestaltung und Satz: Christina Wasenegger
Illustration: Christina Wasenegger
Fotos: Anja Fischer, außer S. 103: Barbara Pacejka

Printed by FINIDR in Czech Republic

FSC
www.fsc.org
MIX
Papier aus verantwortungsvollen Quellen
FSC® C014138

ISBN 978-3-7104-0315-6